BEI GRIN MACHT SICH IHR WISSEN BEZAHLT

- Wir veröffentlichen Ihre Hausarbeit,
  Bachelor- und Masterarbeit

- Ihr eigenes eBook und Buch -
  weltweit in allen wichtigen Shops

- Verdienen Sie an jedem Verkauf

**Jetzt bei www.GRIN.com hochladen
und kostenlos publizieren**

GRIN ☺

Interviewleitfaden, qualitative Inhaltsanalyse und das Phasenmodell nach Moosbrugger und Höfling

Anke Jung

Bibliografische Information der Deutschen Nationalbibliothek:

Die Deutsche Nationalbibliothek verzeichnet diese Publikation in der Deutschen Nationalbibliografie; detaillierte bibliografische Daten sind im Internet über http://dnb.d-nb.de abrufbar.

ISBN: 9783346228864
Dieses Buch ist auch als E-Book erhältlich.

© GRIN Publishing GmbH
Nymphenburger Straße 86
80636 München

Druck und Bindung: Books on Demand GmbH, Norderstedt Germany
Gedruckt auf säurefreiem Papier aus verantwortungsvollen Quellen

Das vorliegende Werk wurde sorgfältig erarbeitet. Dennoch übernehmen Autoren und Verlag für die Richtigkeit von Angaben, Hinweisen, Links und Ratschlägen sowie eventuelle Druckfehler keine Haftung.

Das Buch bei GRIN: https://www.grin.com/document/912248

EINSENDEAUFGABE

Thema A: Konzeption eines vollständigen Interviewleitfadens. Gütekriterien qualitativer Inhaltsanalysen. Phasenmodell nach Moosbrugger und Höfling.

SRH FernHochschule Riedlingen

Wissenschaftliches Arbeiten – Vertiefung I

Wirtschaftspsychologie (B. Sc.)

Abgegeben am 25.10.2016

von

Anke Jung

Inhaltsverzeichnis

Abkürzungsverzeichnis

Abb.	Abbildung
Abo	Abonnement
Bsp.	Beispiel
f	folgende Seite
ff	fortfolgende Seiten
i.d.R.	in der Regel
IRTA	Internationalen Richtlinien für die Testanwendung
S.	Seite
u.ä.	und ähnliche
u.a.	und andere
u.v.m.	und viele mehr
z.B.	zum Beispiel

1. Interviewleitfaden

In diesem Kapitel wird beschrieben, wieso die Erarbeitung eines Interviewleitfadens sinnvoll ist, welche Idee hinter dem Interviewleitfaden steckt, aus welchem Grund die Fragen des im Anhang zu findenden Interviewleitfadens gestellt werden und wie die Vorgehensweise einer empirischen Studie mit der Methode des Interviews abläuft. Dies alles wird im Bezug zur Aufgabenstellung mit dem Thema „Kundenbindung bei Zeitungen" dargestellt.

1.1. Konzeption eines Interviewleitfadens zur Erfassung der Kundenbindung bei Zeitungen

Um herauszufinden, welche Faktoren für die Kundenbindung von Abonnenten bei Zeitungen relevant sind, soll eine qualitative Studie durchgeführt werden. Zunächst gibt es zur Erhebung der Daten unterschiedliche Methoden, wie die Beobachtung, die schriftliche Befragung mit Hilfe eines Fragebogens, lautes Denken, telefonische Interviews, nonreaktive Beobachtungsverfahren, Online-Befragungen und face-to-face Interviews. In dieser Arbeit wird die Methode der mündlichen Befragung durch ein persönliches Interview gewählt.[1]

„Das Interview ist in der psychologischen Berufspraxis das am häufigsten eingesetzte diagnostische Instrument."[2] Nach Kessler ist ein Interview „[...] eine zielgerichtete mündliche Kommunikation zwischen einem oder mehreren Befragern und einem oder mehreren Befragten, wobei eine Informationssammlung über das Verhalten und Erleben der zu befragenden Person(en) im Vordergrund steht."[3]

Diese Methode bietet folgende Vorteile[4]:

- Hohe Validität
- Möglichkeit zur Nachfrage; Spontanfragen; Lenkung durch den Interviewer
- Mimik und Reaktion sind sichtbar
- Reichtum (Verhalten, Einstellungen, Erklärungen, Erlebnisse, etc. können erfragt werden)

---

[1] Vgl. Hussy, W. et al: 2010, S.213ff
[2] Vgl. Renner, K. H. et al: 2012, S. 63
[3] Sarges, W.: 2013, S. 475
[4] Vgl. Reinhardt, R.: 2013, S. 92

Jedoch haben Interviews nicht nur Vorteile, sondern auch Nachteile. „[Die] Aufbereitung von Daten aus Interviews [ist aufwendig, da diese] in der Regel transkribiert, d.h. auf der Basis der Audioaufzeichnung verschriftlicht werden müssen, um einer weiterführenden qualitativen und/oder quantitativen Analyse zugänglich gemacht werden zu können."[5] Außerdem sind Intervierwereffekte zu berücksichtigen, die auf das Ergebnis des Interviews Einfluss haben können. Diese können sichtbar sein, durch die Art der Befragung, das Auftreten, Alter und Geschlecht der Person oder nicht-sichtbar wie z.B. die Einstellung des Interviewers, die Rollenerwartung oder die Wahrscheinlichkeitserwartung.[6] Daher sind vorherige Interviewtrainings der Interviewer sinnvoll. So lernt der Interviewer, wie die Fragen aufeinander folgen, wie er die Übergänge am besten formuliert und wie Intervierwereffekte geringgehalten werden. Zudem sind viele Störvariablen während des Interviews denkbar, wie z.B. hereinkommende Personen, Telefonklingeln etc. auf die der Interviewer angemessen reagieren soll. Dadurch sind Interviews zeit- und kostenintensiv.[7]

Bevor ein Interview stattfinden kann, ist daher zu entscheiden, wer das Interview führt, welche Stichprobe gewählt wird, über welchen Zeitraum hinweg die Befragung stattfindet und welche Fragen gestellt werden. Auch zu klären ist, ob für die Befragung ein Anreiz, wie z.B. drei kostenlose Ausgaben der Zeitung, verwendet werden soll. Diese Themen sind den Befragten mitzuteilen.[8] Dieses Vorgehen wird in Kapitel 1.3. genauer beschrieben.

„Interviews können im Hinblick auf den Wortlaut, die Anzahl und Abfolge der Fragen mehr oder weniger standardisiert sein. Dasselbe gilt für die Antwortmöglichkeiten des Probanden, das Verhalten des Interviewers und die Auswertung. Je nach dem Grad der Standardisierung werden verschiedene Interviewformen unterschieden."[9] Entweder sind sie standardisiert, so dass keine Abweichung möglich ist, halbstandardisiert, das vorgegebene Fragen beantwortet werden müssen, aber auch weitere Fragen gestellt werden können oder sie sind nicht standardisiert, so das mit einer offenen Frage zu Beginn sich das Gespräch von selbst entwickelt.[10]

---

[5] Vgl. Renner, K. H. et al: 2012, S. 33
[6] Vgl. Reinhardt, R. / Ornau, F.: 2015, S. 22
[7] Vgl. Reinhardt, R.: 2013, S. 92
[8] Vgl. Reinhardt, R. / Ornau, F.: 2015, S. 19
[9] Renner, K. H. et al: 2012, S. 63
[10] Vgl. Renner, K. H. et al: 2012, S. 63

In dieser Arbeit handelt es sich um ein halbstandardisiertes Interview, da alle Befragten dieselben Fragen auf Grund des Interviewleitfadens erhalten und Zwischenfragen zur Vertiefung der Antwort möglich sind.

Um Interviewereffekte gering zu halten, ist es laut Raab et al ratsam mehrere geschulte Interviewer mit unterschiedlichem Alter und Geschlecht, die bezahlt werden und keine Eigenmotivation an der Studie haben, einzusetzen.[11]

Neben den Interviewereffekten gibt es auch Befragteneffekte, die sogenannten Response Errors, wie z.B. die Meinungslosigkeit des Kunden oder Positionseffekte. Auf diese kann allerdings nur sehr gering Einfluss genommen werden, weshalb sie hier nicht näher erläutert werden.[12]

Der Interviewleitfaden im Anhang stellt dabei den roten Faden im Gespräch dar, um die Übersicht über das Thema zu garantieren. Er ist in fünf Schritte untergliedert und die Reihenfolge der Fragen wird durch ihn festgelegt. Durch einführende Fragen, gebündelte Frageblöcke zu bestimmten Themen und abschließende Fragen ähnelt er einem Fragebogen.[13]

Im ersten Schritt wird der Befragte begrüßt und der Interviewer bedankt sich für die aufgebrachte Zeit des Befragten. Außerdem erhält er Informationen über den Herausgeber der Zeitung, den Interviewer selbst und das Thema bzw. Ziel und den Stand der Befragung, um dem Befragten einen Überblick zu geben. Außerdem erfährt er die Vorgehensweise der Befragung und damit verbundene Erwartungen an ihn und welche Zielpersonen noch befragt werden. Des Weiteren werden ihm eventuelle Anreize und die Dauer des Gesprächs mitgeteilt. Zudem wird ihm die Vertraulichkeit und Anonymität bei der Verwendung der Aussagen aufgezeigt, so dass er die Möglichkeit hat, dem Interview zu widersprechen, bevor er im zweiten Schritt und damit im formalen Teil eigene Angaben zu seiner Person macht (Name, Alter, Wohnort, seit wann er das Abonnement hat, Ort, Datum). Der dritte Schritt ist der spezielle Teil, in dem die eigentliche Befragung stattfindet. Die Fragen wurden anhand der Operationalisierung von Rogall vorgenommen, um die Kundenbindung von Abonnenten dieser Zeitung zu ermitteln. Siehe dazu Kapitel 1.2.

---

[11] Vgl. Raab, G. et al: 2004, S. 99f
[12] Vgl. Reinhardt, R. / Ornau, F.: 2015, S. 22
[13] Vgl. Reinhardt, R. / Ornau, F.: 2015, S. 17 und S. 38

Zum Schluss wird im vierten Schritt dem Befragten die Möglichkeit gegeben selbst Fragen zu stellen, der Interviewer bedankt sich, erklärt das weitere Vorgehen und es wird abgesprochen, wer Ansprechpartner für Nachfragen beziehungsweise Rückfragen zum Interview ist. Abschließend wird im fünften Schritt die Einverständniserklärung durch den Befragten unterzeichnet, damit seine Aussagen anonym in die Studie zur Kundenbindung bei Zeitungen einfließen können.[14]

1.2. Begründung der Fragen des Interviewleitfadens

Im Leitfaden sind ein- und überleitende Sätze zu finden, die für ungeübte Interviewer sinnvoll sind. Allerdings nur wenige, da in Kapitel 1.1. bereits erläutert wurde, welcher Typ Interviewer zum Einsatz kommen wird.[15]

Alle Fragen sind ohne Fachbegriffe und kurz formuliert worden, damit kein Befragter überfordert wird. Außerdem beziehen sich die Fragen nur auf den Sachverhalt und nicht auf weitere Aspekte des Lebens der Befragten. Auf doppelte Verneinungen, retrospektive Fragen sowie allgemeine Fragen wurde verzichtet.[16]

Zum Einstieg werden einfache, geschlossene und relevante Fragen gestellt, um den Befragten langsam in das Interview zu führen und zu motivieren. Außerdem wird er zu seiner Gewohnheit befragt, was ihm Sicherheit vermittelt, da er sich damit sehr gut auskennt und die Fragen leicht beantworten kann. Die 4. Frage ist eine offene Frage, die die Meinung des Abonnenten erfragen soll. Zunächst hatte der Autor eine hypothetische Frage stellen wollen, allerdings wird davon abgeraten. Daher wird nun eine immanente Frage gestellt, da diese auf die vorhergehende Frage Bezug nimmt, um für jeden Befragten zu gelten. Die Schnelllebigkeit der heutigen Zeit und der Umgang des Abonnementen mit dieser in Bezug auf die Zeitung wird hier abgefragt. Bei den Fragen sieben bis zehn wird der Wunsch nach Abwechslung mit halboffenen, offenen und geschlossenen Fragen in Erfahrung gebracht. Dabei ist Frage sieben halboffen, um eine Tendenz des Befragten zu ermitteln, während Frage acht eine klare Stellungnahme erfordert.

---

[14] Vgl. Reinhardt, R. / Ornau, F.: 2015, S. 38
[15] Vgl. Reinhardt, R. / Ornau, F.: 2015, S. 16
[16] Vgl. Faulbaum, R. et al: 2009, S. 19f

So können die Befragten in Kategorien eingeteilt werden – wer hat bereits eine Neuerscheinung getestet, wer nicht und wie beantworten diese die nächsten Fragen? Um Herauszufinden, mit welchen Mitbewerbern die Zeitung konkurriert, werden die Fragen elf bis 13 gestellt. Wobei der Interviewer Fingerspitzengefühl aufbringen soll, um eine korrekte, nicht ausweichende oder falsche Antwort zu erhalten. Daher werden diese Fragen nicht zu Beginn des Interviews gestellt, sondern nachdem der Befragte sich bereits an die Situation des Interviews gewöhnt hat. Über Frage 14 und 15 wird die Kundenzufriedenheit geklärt und mögliche Verbesserungsvorschläge für eine bessere Kundenbindung erfragt. Mit den Fragen 16 bis 23 wird ausschließlich durch geschlossene Fragen geklärt, welche Bindung der Befragte über sein soziales Umfeld an die Zeitung hat. So wird ermittelt welche Faktoren dieses Umfelds ausschlaggebend sind, damit er das Abo beibehält. Bei Frage 24 bekommt der Interviewer verschiedene Kategorienvorgegeben, welche Funktion die Zeitung für den Befragten haben kann, falls dieser von sich aus keine Funktion nennt. Mit der geschlossenen Frage 25 wird ermittelt, ob die Zeitung für die Stichprobe einen Markenartikel darstellt und somit eine starke Kundenbindung besteht. Mit den einheitlichen Fragen 26 bis 39 wird konkret auf die einzelnen Eigenschaften der Zeitung eingegangen und wie diese von den Abonnenten beurteilt werden. So kann die Zeitung schauen, in welchen Bereichen es eventuell noch Handlungsbedarf gibt. Die Einteilung nach Schulnoten wird dem Befragten dabei vorgegeben, um die Auswertung zu vereinfachen. Über die Fragen 40 bis 44 wird geklärt, wie stark das Thema „Kosten" und „Rabatte" für die Kundenbindung ausschlaggebend sind und was sich Abonnementen wünschen. Da Beschwerden ein guter Ansatzpunkt sind, um die Kundenbindung zu stärken, wird mit den Fragen 45 bis 47 auf den Umgang der Befragten mit diesem Thema eingegangen. Frage 47 zielt darauf ab, ob die Zeitung die Chance bekommt sich zu verbessern, bevor das Abo gekündigt wird. Da diese Fragen jedoch heikel sind, kommen sie zum Schluss.[17]

---

[17] Vgl. Faulbaum, R. et al: 2009 und Reinhardt, R. / Ornau, F.: 2015, S. 15f und S. 23ff

1.3. Vorgehen bei einer empirischen Studie

Bei der Durchführung einer empirischen Studie gibt es drei wesentliche Phasen. Als erstes den Entdeckungszusammenhang, dabei wird die Forschungsfrage bzw. das Problem festgelegt. Als zweites erfolgt der Begründungszusammenhang. Dabei werden die theoretischen Grundlagen identifiziert, die Methode ausgewählt, die gesammelten Daten analysiert sowie anschließend diskutiert und interpretiert. Im letzten Schritt dem Verwertungszusammenhang, werden die Forschungsergebnisse in der Praxis verwendet.[18]

In dieser Arbeit sind die erste Phase und Teile der zweiten Phase bereits vorgegeben, weshalb nur auf die Auswahl der Methode der Datenerhebung sowie ansatzweise auf die Datenanalyse eingegangen wird. Die Diskussion und Interpretation sowie die dritte Phase werden nicht erläutert.

Bei der Planung des Vorgehens macht sich der Forscher Gedanken zur Stichprobe, dem Zeitfenster der Messung, der Anzahl der Messungen, zu den wissenschaftlichen Gütekriterien, zur Operationalisierung und ob es eine Kontrollgruppe gibt.[19]

Auf Grund der Aufgabenstellung ist die Operationalisierung bereits durch Rogall erfolgt und die Methode des mündlichen Interviews bestimmt. Dadurch handelt es sich hier um eine Primärforschung.[20]

Die Auswahl der Stichprobe, also wer befragt werden soll, ist noch zu überlegen. Um die Kundenbindung in Erfahrung zu bringen, werden Kunden befragt, die am ehesten bereit sind die Fragen zu beantworten und ein Abonnement der Zeitung besitzen.[21] Generell ist zu beachten, dass in einem Interview nur Fragen gestellt werden, die von den Befragten auch beantwortet werden können, d.h. für deren Beantwortung sie genügend Informationen besitzen.[22] Außerdem ist der Personenkreis aus Kosten- und Effizienzgründen einzuschränken.[23]

---

[18] Vgl. Reinhardt, R.: 2013, S. 49
[19] Vgl. Reinhardt, R.: 2013, S. 65ff
[20] Vgl. Bachleitner, R. et al: 2014, S. 91
[21] Vgl. Reinhardt, R. / Ornau, F.: 2015, S. 19
[22] Vgl. Bachleitner, R. et al: 2014, S. 91ff
[23] Vgl. Reinhardt, R. / Ornau, F.: 2015, S. 19

Für diese Studie soll eine Zufallsstichprobe aus allen Kunden mit dem Abonnement der Zeitung (Grundgesamtheit) gewählt werden. 500 Kunden sollen befragt werden. Dabei hat jedes Element der Grundgesamtheit dieselbe Wahrscheinlichkeit, in die Stichprobe aufgenommen zu werden. Dadurch ist diese Stichprobe sehr repräsentativ, allerdings auch schwer zu gewährleisten, da die vollständige Transparenz vorausgesetzt wird.[24]

Auf Grund der Anzahl von 500 Kunden, die befragt werden, ist der Zeitrahmen für die Interviewer zu wählen. Ein Zeitraum von zwei Monaten wird für die Umfrage durch fünf Interviewer festgelegt. Wie die Interviewer ausgewählt werden, wurde bereits in Kapitel 1.1. beschrieben. Jeder Kunde wird in den zwei Monaten nur einmal befragt, es gibt also keine weiteren Messungen und auch keine Kontrollgruppe.

Als Forschungsdesign wird hier das „Ein-Gruppen-Pretest-Posttest-Design" gewählt. Bei diesem erfolgt zunächst die Messung, anschließend werden Maßnahmen ergriffen, bevor die Zeitung nach drei Jahren eine erneute Messung bei derselben Gruppe durchführt.[25]

Um die wissenschaftliche Qualität zu gewährleisten, werden für das Interview qualitative Gütekriterien angewendet. Diese werden ausführlich in Kapitel 2 beschrieben.

Die Durchführung des Interviews erfolgt anhand von sechs Phasen:[26]

- Vorbereitungsphase (abgedeckt durch die Auswahl der Stichprobe und des Interviewers)
- Phase der Kontaktaufnahme (Ziel des Interviews wurde beschrieben; der Kontakt zur Stichprobe ist vorab per Telefon herzustellen)
- Eröffnungsphase (siehe dazu Kapitel 1.1. Begrüßung und Einleitung)
- Hauptphase (siehe dazu Kapitel 1.1. spezieller Teil)
- Nachgespräch und Verabschiedung (siehe dazu Kapitel 1.1. Abschluss)
- Analysephase

---

[24] Vgl. Reinhardt, R.: 2013, S. 66ff
[25] Vgl. Reinhardt, R.: 2013, S. 73
[26] Vgl. Reinhardt, R. / Ornau, F.: 2015, S. 5

Um die erhobenen Daten zu analysieren, wird an der SRH Fernhochschule Riedlingen das pragmatische Auswertungsverfahren eingesetzt. Das Ziel dieses Verfahrens ist es das überindividuell Gemeinsame zu extrahieren und das individuell typische herauszuarbeiten. Dazu werden zunächst die Tonbandaufnahmen transkribiert. Anschließend werden die Antworten auf den Mitschrieben und Transkripten markiert, in im Vorfeld entwickelte Kategorien eingeordnet und eine innere Logik hergestellt. Diese innere Logik wird in Textform notiert und durch Texte mit Interviewausschnitten aus individueller und inter-individueller Ebene ergänzt, um Gemeinsamkeiten und Unterschiede danach tabellarisch darzustellen. Zum Schluss des pragmatischen Auswertungsverfahrens wird ein Bericht oder eine Präsentation erstellt. Diese Datenanalyse soll eine nüchterne Feststellung in ein paar möglichst verständlichen Sätzen ohne Werturteil ergeben.[27]

---

[27] Vgl. Reinhardt, R. / Ornau, F.: 2015, S. 30f

2. Qualitative Gütekriterien

2.1. Bedeutung von Gütekriterien für eine qualitative Inhaltsanalyse

Um eine Inhaltsanalyse bei einer Forschungsarbeit durchführen zu können bedarf es Kriterien, an denen sich die Forscher orientieren. In der quantitativen Forschung sind diese Gütekriterien die Objektivität, die Reliabilität und die Validität, die aus einer Forschung eine wissenschaftliche Untersuchung machen. Erst wenn diese Kriterien erfüllt sind, ist die Qualität einer Inhaltsanalyse gegeben.[28]

In dieser Arbeit werden die qualitativen Gütekriterien für eine qualitative Inhaltsanalyse näher betrachtet. Bei diesen ist sich die Forschung jedoch noch uneinig. Manche Forscher lehnen in der qualitativen Forschung jegliche Kriterien ab, andere verwenden eine modifizierte Form der quantitativen Gütekriterien und wieder andere sind für die Entwicklung neuer Kriterien. Folglich ist die Bedeutung der Gütekriterien für die Qualität der qualitativen Inhaltsanalyse nicht geklärt.[29] Daher beschränkt sich der Autor in Kapitel 2.2. und 2.3. auf die Darstellung von insgesamt fünf für ihn relevanten qualitativen Gütekriterien.

Diese werden unterteilt in interne und externe Gütekriterien.

---

[28] Vgl. Hussy, W. et al: 2010, S. 22
[29] Vgl. Ornau, F.: 2014, S. 73 und vgl. Flick, U. et al: 2007, S. 485ff

2.2. Interne Gütekriterien

Die internen qualitativen Gütekriterien beziehen sich auf die Forschungsarbeit an sich, also die interne Studiengüte.

2.2.1. Glaubwürdigkeit

Die Glaubwürdigkeit bei qualitativen Forschungen wird von Lincoln und Guba mit der internen Validität von quantitativen Forschungen verglichen.[30]

Damit eine Studie für den Leser glaubwürdig ist, müssen die Forscher darauf achten, dass die Ergebnisse für die Forschung Relevanz haben und die Studie empirisch durchgeführt wurde. Aber auch für die Teilnehmer der Studie muss ersichtlich sein, dass die Studie einen Sinn und Zweck erfüllt, der Ihnen glaubhaft erscheint. Damit die Probanden nicht halbherzig an der Studie teilnehmen und diese auch wiederholt werden kann. Um für Glaubwürdigkeit zu sorgen, sollen die Forscher die Studie also transparent und ausführlich darlegen können.[31]

Mey und Mruck geben dabei zu bedenken, dass nach Lincoln und Guba die Forscher vor dem Problem stehen, welche Ergebnisse erzielt werden müssen, damit diese ein Indikator für Glaubwürdigkeit darstellen.[32] „Müssen alle dabei Befragten zu einheitlichen Einschätzungen kommen – etwa was die Plausibilität der Resultate angeht – oder reicht es, wenn die Mehrheit oder bestimmte Personen diese Plausibilität bestätigt? Ist etwa die Bestätigung seitens bestimmter Personen anders zu gewichten als die Ablehnung durch z.B. andere Befragte?"[33]

---

[30] Vgl. Ornau, F.: 2014, S. 74
[31] Vgl. Ornau, F.: 2014, S. 74f
[32] Vgl. Mey, G., Mruck, K.: 2010, S. 401
[33] Mey, G., Mruck, K.: 2010, S. 401

2.2.2. Verfahrensdokumentation

Um eine Studie so transparent wie möglich darlegen zu können, ist bei der Forschung darauf zu achten, die Forschungsfrage einzugrenzen und gezielt auf einen einzelnen Aspekt eines Forschungsgebietes einzugehen. Außerdem ist die dabei erfolgte Herangehensweise ausführlich zu dokumentieren.[34]

Kuckartz[35] gibt dafür folgende Hilfestellung:

- Bereits die Wahl der Methode und die Begründung dieser Wahl sind wichtig und zu protokollieren.
- Des Weiteren ist festzustellen, ob Ton- und Bildaufnahmen erfolgt sind oder wie Daten festgehalten wurden.
- Ob und welche Transkriptionsregeln verwendet wurden und wie diese umgesetzt bzw. eingehalten wurden.
- Auch soll dargelegt werden, ob computergestützt mit Software gearbeitet wurde und ob ein Codierer oder mehrere tätig waren. Da dies auf eventuelle Fehlerquellen hinweisen und man Rückschlüsse auf die Vorgehensweise bei einer Wiederholung ziehen kann.
- Dabei ist darzulegen, ob die Forscher selbst oder Dritte codiert und transkribiert haben.
- Außerdem soll das Kategoriensystem schlüssig und mit Beispielen versehen sein, um dieses besser nachvollziehen zu können.
- Zudem ist aufzuzeigen, ob alle Daten berücksichtigt wurden, ob die Sichtung des Materials wiederholt stattgefunden hat und ob auch Grenzfälle bedacht wurden, damit die Eingrenzung ersichtlich wird.
- Des Weiteren ist festzustellen, ob es Memos gibt und in welcher Form diese vorliegen und verwendet wurden.
- Ob Originalzitate verwendet werden, ob Widersprüche aufgezeigt werden oder nur mit selektiver Plausibilisierung gearbeitet wird ist zu notieren und zu begründen.
- Auch ob Schlussfolgerungen durch die erhobenen Daten begründet gezogen werden ist zu protokollieren, um das Verfahren ausführlich zu dokumentieren.

---

[34] Vgl. Ornau, F.: 2014, S. 74ff
[35] Vgl. Kuckartz, U.: 2014, S167f

2.2.3. Intersubjektive Nachvollziehbarkeit / Bestätigbarkeit

Damit eine Studie nachvollziehbar ist, ist laut Lincoln und Guba nicht nur vom Forschungsprozess an sich abhängig, sondern hauptsächlich von den Ergebnissen. Diese beiden setzen die Nachvollziehbarkeit bzw. Bestätigbarkeit in der qualitativen Forschung mit der externen Validität der quantitativen Forschung gleich. Demnach müssen die Ergebnisse bis zu den Quellen zurückverfolgt werden können, um plausibel zu sein.[36]

Miles und Huberman raten dazu festzustellen, ob die Methode der Studie genauestens beschrieben wird, ob Verknüpfungen bestehen und diese aufgezeigt werden, ob der Forscher sich selbst nicht eingebracht hat oder eventuell doch und wenn ja wo, denn das gibt Aufschluss darüber, ob die Subjektivität reflektiert wurde. Außerdem soll ein Nachvollziehbarkeits- bzw. Ergebnisaudit möglich sein, um den Grad der Nachvollziehbarkeit von Erkenntnissen bestimmen zu können. Des Weiteren ist zu ermitteln, ob die Analyse durch andere erneut durchgeführt werden kann und ob alle Hypothesen und Schlussfolgerungen geprüft wurden.[37]

Ohne die interne Studiengüte, macht es keinen Sinn die externe Studiengüte zu untersuchen. Sie ist sozusagen eine notwendige Vorbedingung.[38]

---

[36] Vgl. Ornau, F.: 2014, S. 74f
[37] Vgl. Miles, M. B. / Hubermann, A. M.: 1994, S. 278 nach Ornau, F.: 2014 S, 75
[38] Vgl. Ornau, F.: 2014, S. 75

2.3. Externe Gütekriterien

Die externen qualitativen Gütekriterien beziehen sich auf die Anwendbarkeit der psychologischen Forschungsarbeit zur Übertragung bzw. Verallgemeinerung auf andere Fälle. Denn auch wenn die internen Gütekriterien valide sind, kann nicht davon ausgegangen werden, das die Studie sich verallgemeinern lässt und auf andere Fälle übertragbar ist.[39]

2.3.1. Generalisierung

Bei quantitativen Studien kann man durch die Auswahl einer großen Stichprobe leichter auf generelle Ergebnisse Rückschlüsse ziehen, als bei einer qualitativen Studie, da dabei meist keine große Stichprobe möglich ist. Daher ist die vorherige präzise Fallauswahl ein wichtiger Punkt für die Verallgemeinerbarkeit und hilft der Verbesserung der Generalisierung.

Im Folgenden werden nun zwei Methoden dargestellt, die zudem zur Überprüfung und Verbesserung beitragen, die Triangulation und die Fallkontrastierung.

„Dem Prinzip der Triangulation liegt die Überlegung zugrunde, dass ein hypothetisches Konstrukt, z.B. ein Persönlichkeitsmerkmal valider mit zwei oder mehreren Datenerhebungsmethoden erfasst werden kann, als mit einer, wenn die Ergebnisse aus verschiedenen Datenquellen konvergieren (korrelieren)."[40] Um den Typ des Forschungsobjekts zu bestimmen, wird also bei der Triangulation dieser durch mehrere Methoden, wie z.B. Beobachtung, Interviews oder Dokumentenauswertungen betrachtet, um so ein gültiges Ergebnis zu erzielen.[41]

„Denzin (1970) hat das Triangulationsprinzip erweitert, u.a. auf die Untersuchung eines Phänomens durch mehrere Forscher (Investigatortriangulation), und die Berücksichtigung mehrerer Theorien (Theorientriangulation). Zudem hat Denzin (1970) darauf aufmerksam gemacht, dass Triangulation innerhalb des quantitativen oder qualitativen Paradigmas vollzogen werden (within method triangulation) oder aber Methoden aus beiden Paradigmen kombinieren kann (between- oder across-method triangulation)."[42] Durch die Anwendung

---

[39] Vgl. Renner, K. H. et al: 2012, S. 114ff
[40] Renner, K. H. et al: 2012, S. 116
[41] Vgl. Brüsemann, Th.: 2008, S. 36
[42] Renner, K. H. et al: 2012, S. 116f

verschiedener Methoden, wird häufig von Mixed Methods gesprochen, die eine vielfältige Perspektive zulässt und so eine annähernde Generalisierung möglich macht.[43]

Mit Hilfe der Fallkontrastierung wird versucht, die Hauptelemente einer Studie zu klassifizieren. Dabei werden Fälle miteinander verglichen, die die größtmöglichen Unterschiede aufweisen, aber auch solche, die sich am ähnlichsten sind. Durch den Vergleich wird eine Schnittmenge gebildet, die z.B. Situationen, Bedingungen, Personen, etc. als relevante Elemente identifiziert. Danach kann dann die Studie auf Fälle mit gleichen Hauptelementen besser übertragen werden.[44]

2.3.2. Aggregation

„Von der Generalisierung zu unterscheiden ist die Aggregation bzw. Agglutination bereits vorliegender Ergebnisse aus Einzelfallstudien."[45] Dabei handelt es sich um die Feststellung, welche Konsequenzen sich durch bestimmte Situationen ergeben, wenn mehrere Personen aufeinandertreffen.[46]

„So könnte sich herausstellen, dass der Kurs "Studientechniken" bei einigen Studierenden die Noten und die Studienzufriedenheit verbessert, bei einigen Studierenden nur die Noten, nicht aber die Studienzufriedenheit und bei wieder anderen die Studienzufriedenheit, nicht aber die Noten. Derartige Ergebnisprofile lassen sich mit geeigneten Methoden zu Clustern oder Typen zusammenfassen und weiterführend analysieren."[47]

Mit Hilfe dieser Typen, kann dann eine Verallgemeinerung abgeleitet werden.

Der Autor merkt an, dass sich viele der bislang aufgestellten qualitativen Gütekriterien von verschiedenen Forschern überschneiden. Dadurch ist eine Abgrenzung bzw. eindeutige Definition weniger gegeben, als bei den quantitativen Gütekriterien. Auch die Umsetzung und Prüfung der qualitativen Gütekriterien stellt sich komplizierter da, denn durch passende Argumente und Darstellungen, lässt sich eine Studie schnell als nicht empirisch einstufen. Dadurch ist laut dem Autor bei qualitativen Studien auf eine große Sorgfalt und Ausführlichkeit bei der Analyse zu achten.

---

[43] Vgl. Kuckartz, U.: 2014, S. 33
[44] Vgl. Kuckartz, U. et al: 2007, S. 185
[45] Renner, K. H. et al: 2012, S. 114
[46] Vgl. Brüsemann, Th.: 2008, S. 8
[47] Renner, K. H. et al: 2012, S. 114

---

3. Phasenmodell nach Moosbrugger und Höfling

Eine Struktur für psychologische Tests, wird durch die „Internationalen Richtlinien für die Testanwendung" (IRTA) vorgegeben. An dieser können sich Anwender orientieren, um eine Vergleichbarkeit der verschiedenen Tests darstellen zu können.[48] Wie in Kapitel 2 bereits beschrieben, ist dies bei psychologischen Tests mit qualitativen Gütekriterien nicht immer einfach.

Der Standard für die psychologische Testung wurde 2012 von Moosbrugger und Höfling durch ein Phasenmodell festgelegt. Dabei gliedern diese die Testung in die Hauptabschnitte „Testdurchführung", mit der Vorbereitungsphase und der Testphase, und „Testauswertung", mit den Bereichen Ergebnisse, Interpretation und Sicherung.[49] „Ein wissenschaftliches Routineverfahren ist ein Test deshalb, weil es bestimmte Testgütekriterien erfüllt und weil die Durchführung, Auswertung und zum Teil auch die Interpretation der erhobenen Daten standardisiert erfolgt und routinemäßig wiederholt werden kann."[50] In dieser Arbeit geht der Autor auf Grund der Fragestellung nur auf die Standards der Testauswertung ein.

3.1. Ergebnisse[51]

Um die Genauigkeit der Testergebnisse zu gewährleisten sollen die Anwender nach Moosbrugger und Höfling auf drei Dinge achten, um Fehler auszuschließen:

Zum Ersten sollen die Anwender standardisierte Auswertungsmethoden verwenden, die den Gütekriterien entsprechen. „Die Forscher unterliegen dem Nachweis der Gegenstandsangemessenheit ihrer Entscheidungen."[52]

Zum Zweiten sollen die Testwerte mehrfach überprüft werden, ob diese auch exakt und korrekt sind, damit keine abwegigen Ergebnisse abgebildet werden.

---

[48] Vgl. Moosbrugger, H. / Kelava, A.: 2012, S. 212
[49] Vgl. Moosbrugger, H. / Kelava, A.: 2012, S. 213
[50] Renner, K. H.: 2012, S. 56
[51] Vgl. Moosbrugger, H. / Kelava, A.:2012, S. 218f
[52] Brüsemann, Th.: 2008, S.32

Zum Dritten soll die Testauswertung für die Probanden transparent sein. Diese sollen nachvollziehen können, wie der Test abläuft, welche Ergebnisse er hervorbringen soll und wie diese weiterverwendet werden bzw. welche Entscheidungen daraus resultieren. „Wenn z.B. angekündigt wird, dass ein Intelligenztest durchgeführt wird, dann soll für die Probanden auch einsichtig sein, dass die damit verbundenen Aufgaben etwas mit Intelligenz zu tun haben."[53]

Werden diese drei Punkte eingehalten, spricht man von standardisierten Testergebnissen.

3.2. Interpretation[54]

Der nächste Bereich zur Auswertung eines Tests stellt nach Moosbrugger und Höfling die Interpretation der Testergebnisse dar.

Die Forscher sollen vor dem Test auf die Angemessenheit des Tests achten. Damit ist gemeint, dass sie alle Informationen, die sie über die Probanden erlangen für den Test mit einbeziehen. Die Berücksichtigung der Einflussfaktoren wie z.B. Alter, Geschlecht, kultureller Hintergrund, Bildung, Vorerfahrungen mit psychologischen Tests, Krankheitsgeschichte etc. kann für die Interpretation ausschlaggebend sein.

Zudem sind die Anwender angehalten die Validität und die Reliabilität zu berücksichtigen. Diese können z.B. durch regelmäßige Treffen und den daraus resultierenden Aufbau eines Vertrauensverhältnisses gewährleistet werden.

Gegebenenfalls ist auf die Aktualität und Relevanz von Normwerten oder Vergleichswerten zu achten, wenn diese für die Interpretation des Testergebnisses herangezogen werden. Sind diese nicht adäquat, kann die Interpretation verfälscht werden.

Bei Kriteriums orientierten Tests ist für die Kategorienzuordnung Vorsicht geboten. Die kritischen Trennwerte müssen mit Väliditätsbelegen unterlegt sein.

Die aus der Interpretation des Testergebnisses resultierenden Erläuterungen und Empfehlungen sollen nach Moosbrugger und Höfling strukturiert wiedergegeben werden. Dies kann sowohl in mündlicher, als auch in schriftlicher Form erfolgen, soll konstruktiv und sprachlich dem Gegenüber angemessen sein, so dass der Inhalt verstanden werden kann.

---

[53] Renner, K. H. et al: 2012, S. 59
[54] Vgl. Moosbrugger, H. / Kelava, A..: 2012, S. 218

3.3. Sicherung[55]

Unter Sicherung verstehen Moosbrugger und Höfling die Aufbewahrung und Sicherstellung der Testdaten sowie des Testprotokolls und alle dazugehörigen Belege nach Abschluss der Interpretation, so dass diese auch in den nächsten Jahren nachvollzogen und herangezogen werden können.

Daher sind Richtlinien über die Verfügbarkeit, die Aufbewahrungsdauer und gegebenenfalls die weitere Verwendung der Testdaten eindeutig von den Forschern festzulegen. Dabei ist u.a. darauf zu achten, dass die Sicherheit der Daten gewährleistet ist, z.B. durch Virenschutz, Firewalls etc. von Datenbanken, in denen internet-/computerbasierte Tests hinterlegt werden.

Zudem gehört zur Sicherung, dass nur anonymisierte Testergebnisse und -daten veröffentlicht werden, wenn die Probanden nicht ausdrücklich einer Weitergabe ihrer Daten zugestimmt haben.

---

[55] Vgl. Moosbrugger, H. / Kelava, A..: 2012, S. 219f

Literaturverzeichnis

- Bachleitner, R. / Weichbold, M. / Aschauer, W. / Pausch, M.: Methodik und Methodologie interkultureller Umfrageforschung. Zur Mehrdimensionalität der funktionalen Äquivalenz. Wiesbaden. 2014

- Brüsemann, Th.: Qualitative Forschung. Ein Überblick. 2., überarbeitete Auflage. Wiesbaden. 2008

- Faulbaum, R. / Prüfer, P. / Rexroth, M.: Was ist eine gute Frage? Die systematische Evaluation der Fragenqualität. Wiesbaden. 2009

- Flick, U. / v. Kardoff, E./ Steinke, I.: Qualitative Forschung. Reinbek. 2007

- Hussy, W. / Schreier, M. / Echterhoff, G.: Forschungsmethoden in Psychologie und Sozialwissenschaften für Bachelor. Mit 38 Abbildungen und 23 Tabellen. Heidelberg. 2010

- Kuckartz, U. / Grunenberg, H. / Dresing, Th.: Qualitative Datenanalyse: Computergestützt. Methodische Hintergründe und Beispiele aus der Forschungspraxis.2., überarbeitete und erweiterte Auflage. Wiesbaden. 2007

- Kuckartz, U: Mixed Methods. Methodologie, Forschungsdesigns und Analyseverfahren. Wiesbaden. 2014

- Mey, G. / Mruck, K.: Handbuch Qualitative Forschung in der Psychologie. Wiesbaden. 2010

- Moosbrugger, H. / Kevala, A.: Testtheorie und Fragebogenkonstrukt. Mit 66 Abbildungen und 41 Tabellen. 2., aktualisierte und überarbeitete Auflage. Heidelberg. 2012

- Ornau. F.: Inhaltsanalyse. Studienbrief (1141-01) der SRH FernHochschule Riedlingen. Riedlingen. 2014

- Ornau. F.: Testtheorie. Studienbrief (1151-01) der SRH FernHochschule Riedlingen. Riedlingen. 2015

- Raab, G. / Unger, A. / Unger, F.: Methoden der Marketing-Forschung. Grundlagen und Praxisbeispiele. Wiesbaden. 2004

- Reinhardt, R.: Empirische Sozialforschung. Studienbrief (1000-01) der SRH FernHochschule Riedlingen. Riedlingen. 2013

- Reinhardt, R. / Ornau, F.: Interviewtechnik. Studienbrief (1002-2) der SRH FernHochschule Riedlingen. Riedlingen. 2015

- Renner, K. H. / Heydasch, T. / Ströhlein, G.: Forschungsmethoden der Psychologie Von der Fragestellung zur Präsentation. Wiesbaden. 2012
- Sarges, W.: Management – Diagnostik. 4., vollständig überarbeitete und erweiterte Auflage. Göttingen. 2013

BEI GRIN MACHT SICH IHR WISSEN BEZAHLT

- Wir veröffentlichen Ihre Hausarbeit,
  Bachelor- und Masterarbeit

- Ihr eigenes eBook und Buch -
  weltweit in allen wichtigen Shops

- Verdienen Sie an jedem Verkauf

Jetzt bei www.GRIN.com hochladen und kostenlos publizieren